Historisches Vaihingen a.d.F. e.V. (Hg.)

Folkmar Schiek

Der Alte Adler

Der Alte Adler Hans Vollmoeller

Historisches Vaihingen a.d.F. e.V. (Hg.)

Folkmar Schiek

Der Alte Adler

Die Luftfahrtpioniere Hans und Karl Vollmoeller

zwischen 1905 und 1917

Blätter zur Vaihinger Geschichte (1)

www.tredition.de

Historisches Vaihingen a.d.F. e.V. (Hg.)

Folkmar Schiek

Der Alte Adler

Die Luftfahrtpioniere Hans und Karl Vollmoeller

zwischen 1905 und 1917

Blätter zur Vaihinger Geschichte (1)

© 2016 Folkmar Schiek

Umschlag, Illustration: Folkmar Schiek

Titelbild: Schwäbischer Überlandflug September 1911

Verlag: tredition GmbH, Hamburg

ISBN
Paperback: 978-3-7345-1863-8

Printed in Germany

Inhalt

Einleitung

Die Brüder Karl (1878-1948) und Hans Vollmoeller (1889-1917) gehören zu den frühen Pionieren der deutschen Luftfahrt, wenngleich die Zeit ihres Wirkens kurz war. Der große Erfolg blieb ihnen versagt. Einerseits wegen des durch den Vater erzwungenen Abbruchs der Versuche mit dem erfolgreichen Typ IV ihrer Flugzeugkonstruktionen und andererseits durch den frühen Tod des begabten und erfolgreichen Fliegers Hans im Alter von nur 28 Jahren im Jahre 1917.

Die vorliegende Arbeit würdigt die fliegerischen Aktivitäten des "Alten Adlers"[1] Hans Vollmoeller, der einer der ersten württembergischen Flieger war, sowie die Ideen und Gedanken seines älteren Bruders und Lyrikers Karl Vollmoeller zur frühen Luftfahrt.

Abb. 1:
Robert Vollmoeller

---

[1]   Als "Alte Adler" werden 817 Flugpioniere in Deutschland bezeichnet, die vor Ausbruch des Ersten Weltkriegs am 1. August 1914 die Prüfung zum Flugzeugführer gemäß den Bestimmungen des Deutschen Luftfahrer-Verbandes bestanden hatten.

Mit ihren Verdiensten um die frühe Luftfahrt sind sie aus dem Schatten ihres Vaters Robert Vollmoeller (1849-1911) getreten, einem verdienstvollen Vaihinger Unternehmer, Ehrenbürger Vaihingens und königlichen Kommerzienrat des späten 19. und frühen 20. Jahrhunderts.

Aus Mangel an persönlichen Aufzeichnungen der Brüder und Verlusten in öffentlichen Archiven muss manche Frage offen bleiben und ist die Darstellung vielleicht ein erster Anfang, die Geschichte weiter zu schreiben.

Folkmar Schiek

März 2016

KAPITEL 1

Die Familie Vollmoeller

Die Brüder Karl und sein jüngerer Bruder Hans stammen aus einer Vaihinger Unternehmerfamilie. Vater Robert übernahm eine in finanzielle Schwierigkeiten geratene Trikotagenfabrik in Vaihingen auf den Fildern, wie Stuttgart-Vaihingen bis 1942 - vor der Eingemeindung nach Stuttgart - hieß.

Bereits um 1900 gehörte Robert Vollmoeller zu den bedeutendsten und größten Fabrikanten Stuttgarts, zusammen mit Gottlieb Daimler und Robert Bosch. Bis 1910 entwickelte sich das Unternehmen mit 3000 Mitarbeitern zur weltweit größten Trikotfabrik an vier Standorten in Vaihingen, Herrenberg, Untertürkheim und Plieningen. Das Hauptwerk befand sich in Vaihingen auf den Fildern, das sich in dieser Zeit vom bäuerlichen Dorf zur Industriegemeinde entwickelte. Neben der Trikotfabrik von Vollmoeller waren es zwei große Brauereien, die Vaihingen den Aufschwung und Erfolg bescherten.

Die Familie Vollmoeller um Vater Robert und Mutter Emilie geb. Behr (1852-1894) hatten vier Söhne und 5 Töchter, darunter der Schriftsteller und Lyriker Karl, Flugpionier Hans und Kunstmalerin Mathilde (1876-1943). Sie bewohnten seit 1886 ein Anwesen in der Hasenbergsteige im Stuttgarter Westen.

Im Jahr 1909 wurde Robert Vollmoeller Ehrenbürger von Vaihingen, nachdem er bereits im Jahr 1906 Ehrenbürger seiner Geburtsstadt Ilsfeld wurde. Aufgrund seiner großen Verdienste für das Gemeinwohl ernannte König Wilhelm II. ihn zum königlichen Kommerzienrat.

Abb. 2: Vollmoellersches Anwesen, Hasenbergsteige, Stuttgart

Die beiden Söhne Karl und Hans entwickelten eine gemeinsame besondere Leidenschaft: Die Fliegerei. Karl konstruierte die Vollmoellerschen Flugzeuge und Hans erprobte sie.

KAPITEL 2

Wirkungszeit

Die Luftfahrtaktivitäten der Brüder gliedert Jantzen[2] in vier Zeitabschnitte:

1906 – 1908 Karl Vollmoeller in Mailand

1908 – 1910 Karl und Hans Vollmoeller in Stuttgart

1910 – 1914 Hans Vollmoeller als Berufspilot

1914 – 1917 Hans Vollmoeller im militärischen Zusammenhang

Das Jahr 1910 war entscheidend. Flugversuche und Weiterentwicklungen ihres Flugzeuges wurden aufgrund eines Flugunfalls auf dem Cannstatter Wasen mit Todesfolge und dem damit verbundenen Verbot des Vaters eingestellt.

In dieser kurzen Zeit der eigenen Luftfahrtaktivitäten und Flugzeugkonstruktionen zwischen 1908 und 1910 mögen die Gründe liegen, dass Vollmoeller in der Geschichte der frühen Fliegerei meist nicht mit denen genannt wird, die zu seiner Zeit erfolgreich Flugzeuge bauten und flogen. So z. B. der Flieger Hellmuth Hirth (1886-1938), der Vollmoeller auf der „Etrich-Rumpler-Taube" ausbildete, und der zwei Monate vor Vollmoeller am 11. März 1911 seinen Flugzeugführerschein erwarb.

---

[2]   Dr. Eilhard JANTZEN: Die Gebrüder Vollmoeller und die frühe Luftfahrt, in: Blätter zur Geschichte der Deutschen Luft- und Raumfahrt XVI, Frühe Luftfahrtaktivitäten im Raum Stuttgart, Deutsche Gesellschaft für   Luft- und Raumfahrt - Lilienthal-Oberth e.V. (DGLR) (Hg.), Bonn 2004, S. 92.

KAPITEL 3

Die Brüder Vollmoeller

Die Brüder Karl und Hans Vollmoeller sind als Luftfahrtpioniere in der Öffentlichkeit und in der Fachwelt heute fast vergessen. Hierfür sind verschiedene Gründe verantwortlich. Einerseits war die Zeit ihres Wirkens kurz, andererseits entwickelten sie ihr erfolgreiches Flugzeug „Typ IV", mit welchem nur wenige Flüge unternommen wurden, nicht weiter. Der Erste Weltkrieg und der frühe Tod von Hans führten im Jahr 1917 zum jähen Ende einer erfolgreichen Pilotenlaufbahn.

Karl, als viertes Kind geboren, zeichnete sich schon früh durch vielfältige Interessen und Begabungen aus. Er schreibt in seiner knappen Autobiographie:

> *"Ich wurde am 7. Mai 1878 in Stuttgart, Deutschland, geboren. Meine Familie war wohlhabend und somit kam ich in den Genuß jeglicher Bildungsmöglichkeiten und kultureller Angebote. Ich wurde von privaten Lehrern, sowie an den besten Schulen Deutschlands erzogen. "*

Er lernte alte und neue Sprachen leicht, schrieb bereits als Schüler erste Lyrik, spielte ein Musikinstrument und malte. Vermutlich angeregt durch seinen Onkel Professor Karl Vollmöller[3] (1848-1922), Anglist und Romanist, studierte Karl Altphilologie, Archäologie und Philosophie. 1902 beendete er sein Studium erfolgreich mit einer Promotion über *„Griechische Kammergräber mit Totenbetten"*[4]. Er war bereits zu dieser Zeit ein anerkannter Dichter, der dem Kreis der Neuromantiker

---

[3] Die Schreibweise des Namens Vollmoeller, wie sich der württembergische Zweig der Familie schrieb, weicht von der Schreibweise anderer Familienzweige ab. Wir lesen in der Literatur Vollmoeller, Vollmöller und auch Vollmüller.

[4] Karl Gustav VOLLMOELLER: Griechische Kammergräber mit Totenbetten, Inaugural-Dissertation, Bonn 1901.

um Stefan George (1868-1933) nahe stand. Er schuf erste Theaterstücke, die von Max Reinhardt (1873-1943) inszeniert wurden. Es entstand eine langjährige Zusammenarbeit und Freundschaft.

Karl interessierte sich *„schon früh für die Technik und hier insbesondere das Kraftfahrzeug"*, wofür er durch die Stuttgarter Unternehmen von Robert Bosch (1861-1942), Gottlieb Daimler (1834-1900) und Albert Hirth (1858-1935) *„in reichem Maße Anregungen"* erhielt. *„Zwischen den Familien Vollmoeller und Hirth bestanden freundschaftliche Beziehungen"[5]*, so Jantzen.

Der elf Jahre jüngere Hans war schon als Kind kränklich. Vater Robert erwarb ein Grundstück am Klosterbuckel in Liebenzell und erbaute dort die Villa Lioba (1900).[6] Sie war *"als Wohnsitz für seinen kränkelnden Sohn Hans gedacht"[7]*. Ob und wie lange sich Hans dort aufhielt ist nicht bekannt. Schon früh, im Alter von 16 Jahren, begann er sich für die Fliegerei und den Flugzeugbau mit Leidenschaft zu interessieren und hatte in seinem großen Bruder Hans einen gemeinsamen Verbündeten. Die beiden Brüder pflegten ein gutes und inniges Verhältnis zueinander.

Abb. 3:
Hans Vollmoeller

Abb. 4:
Karl Vollmoeller

5   Siehe Eilhard JANTZEN, Die Gebrüder Vollmoeller und die frühe Luftfahrt, S. 93.
6   August HOLDER: Kommerzienrat Robert Vollmoeller, Heilbronn a.N., Verlag von A. Scheurlen's Buchhandlung, 1921, S. 25.
7   Historischer Verein Bottwartal e.V.: Umschau & Interna, Nr. 3/2011 (September), S. 7.

KAPITEL 4

Karl Vollmoeller in Italien

Zunächst studierte Karl Vollmoeller Altphilologie, Kunst und Malerei in Berlin und Paris, bevor er ab 1899 Klassische Archäologie in Bonn studierte. 1901 schloss er sein Studium mit der Promotion zum Dr. phil. ab.

Bereits seit 1897 lebte Karl über die Sommermonate in Italien, bevorzugt in Sorrent, wo er die Villa Arlotta[8] erwarb, direkt an der Steilküste inmitten eines Orangen- und Zitronenhains. Er bereiste Paris, wo er *"seine Kontakte zu Künstlern und Literaten"* vertiefte. *"Seine bevorzugten Reviere waren zu dieser Zeit St. Germain, Montmartre sowie der Bereich zwischen Louvre und Opera."*[9] In Frankreich verfolgte er die Fortschritte der damals in Europa führenden Franzosen und ihre Flugzeuge. Er veröffentlichte Gedichte und Bücher und bereiste Griechenland, um an Ausgrabungen teilzunehmen.

1904 heiratete Karl die Italienerin Norina Gilli oder Maria Carmi (1880-1957) und zog in den Palazzo Pozzino-Gilli in Castello, oberhalb von Florenz.[10] *"Er beteiligt sich in Mailand an der Automobilfabrik Züst und nimmt an mehreren Autorennen in Europa und den USA teil"*, so der Karl Vollmoeller Freundeskreis auf seiner Internetseite unter der Rubrik "Sein Leben - Lebensmitte". 1908 fährt er im Züst Team den ersten Teil des Autorennens rund um die Welt von New York nach Paris quer durch die USA mit. Karl, sein Bruder Rudolf und der Vater Robert fuhren einen „Züst", wobei die Karosserien wie damals üblich, in Einzelan-

---

[8]   Barbara GLAUERT-HESSE: "Paris tut not": Rainer Maria Rilke, Mathilde Vollmoeller, Briefwechsel, Wallstein Verlag Göttingen 2001, S. 157 ff.

[9]   Karl Vollmoeller Freundeskreis, Vilnius, Litauen, www.karl-vollmoeller.de, abgerufen am 15.3.2016.

[10]   Ebenda.

---

fertigung von der Cannstatter Firma Auer[11] hergestellt wurden. Diese Kontakte sollten bei Karls Flugzeugkonstruktionen III und IV von Bedeutung werden.

Um 1905 begannen die Brüder Vollmoeller Flugzeuge zu bauen.

Abb. 5: Karosseriefabrik Christian Auer, Cannstatt, um 1905

---

[11] Chr. Auer Karosseriefabrik GmbH, Cannstatt. Im Jahr 1900 gegründet stellte das Unternehmen Luxuskarosserien in Einzelanfertigung, vor allem für die Automobilhersteller Maybach und Mercedes Benz her.

KAPITEL 5

Die Vollmoellerschen Flugzeuge

Hans und Karl Vollmoeller waren mit die Ersten im Deutschen Motor-
flugzeugbau. So schreibt das Deutsche Museum Flugwerft
Schleißheim: *"Die nicht mehr vollständig erhaltene Konstruktion zählt
zu den ältesten deutschen Motorflugzeugen."*[12]

Die Brüder Vollmoeller ergänzten sich in ihren Begabungen - *"Karl
Vollmoeller konstruierte das Flugzeug, sein Bruder Hans flog die Ma-
schine."*[13]

Anregungen und Planungen

Es ist unsicher, wann sich Karl für die Luftfahrt zu interessieren begann, vermutlich jedoch bereits während seines Studiums. Er kannte
aus Zeitschriften die Arbeiten von Otto Lilienthal (1848-1896), Samuel
Pierpont Langley (1834-1906), Octave Chanute (1832-1910), Ferdinand
Ferber (1862-1909) und der Brüder Wilbur Wright (1867-1912) und
Orville Wright (1871-1948). Für die "Süddeutsche Monatshefte"
schreibt Karl in seinem Artikel "Aviatica" im Jahre 1909:

> *"Abgesehen von der Kraftquelle, deren definitive Gestaltung die
> nächsten zwei Jahre bringen werden, setzt die Konstruktion ei-
> nes Fliegers in keiner Weise die spezifische Entwicklung unserer
> modernen Technik voraus [...] Der Flieger der Brüder Wright, an
> dem uns gerade eine große Primitivität und Rudität entzückte,
> noch mehr der traumhaft fragile Biplan von Curtiß [...] könnte*

---

[12] Deutsches Museum Flugwerft Schleißheim, Vollmoeller Motorflugzeug,
http://www.deutsches-
museum.de/flugwerft/sammlungen/propellerflugzeuge/vollmoeller/, abgerufen am
15.3.2016.

[13] Ebenda.

gerade so gut von einem Chinesen des sechsten Jahrtausends vor Christus hergestellt sein aus Bambus und Seidenpapier, ohne Revolverbank, Fräsen, Schleifmaschinen [...] Und wer einmal nachdenklich vor dem tragischen Fluggerüste Lilienthals gestanden, wird eher als an einen Ingenieur von 1890 an den namenlosen verschollenen Nordmann denken, der mit einer Kupferaxt das erste jener schlanken Seebote baute, jener wunderbar primitiven und doch vollkommenen Fahrzeuge, die durch das tiefere Naturfühlen ihres Erbauers mit einfachen Segeln gegen den Wind anzukreuzen vermochten zu einer Zeit, als die Mittelmeerbewohner trotz ihrer unvergleichlichen Metallkultur noch hilflos vor dem Winde segelten - und die Drachen hießen.[14]

Die Flugzeuge

Von den Brüdern Vollmoeller sind vier Flugzeugtypen bekannt. Zwei motorlose Gleitflugzeuge (Nr. I und Nr. II) und zwei Motormaschinen (Eindecker Nr. III und Nr. IV).

Nach Braunbeck's Sportlexikon 1910 hat Karl Vollmoeller mehrere Apparate gebaut:

Nr. 1: Gleitflieger in Zanoniaform (1907)

Nr. 2: Gleitflieger Typ Langley (1908)

(beide wurden in Italien fertiggestellt)

---

[14] Karl VOLLMOELLER: Aviatica, 1909, in: Paul Nikolaus Cossmann, Süddeutsche Monatshefte, Sechster Jahrgang, Zweiter Band, München 1909, S. 476.

Nr. 3: Eindecker mit 12 Quadratmetern Tragfläche und 12/14-PS Anzani Zweizylinder-Motor (kürzere "Flüge" Okt./Nov. 1909)

Nr. 4: Eindecker mit 20 Quadratmetern Tragfläche und 20/25-PS Anzani Dreizylinder-Motor (1910 fertiggestellt)

Nach dem Landeunfall am 14.8.1910 mit Todesfall Abbruch der flugtechnischen Arbeiten.

Bei den Berichten über die Flugversuche 1909 und 1910 wird kein Unterschied zwischen verschiedenen Flugzeugtypen gemacht. Die Apparate Nr. 3 und 4 müssen sehr ähnlich gewesen sein, vermutlich ist Nr. 4 aus Nr. 3 entstanden.

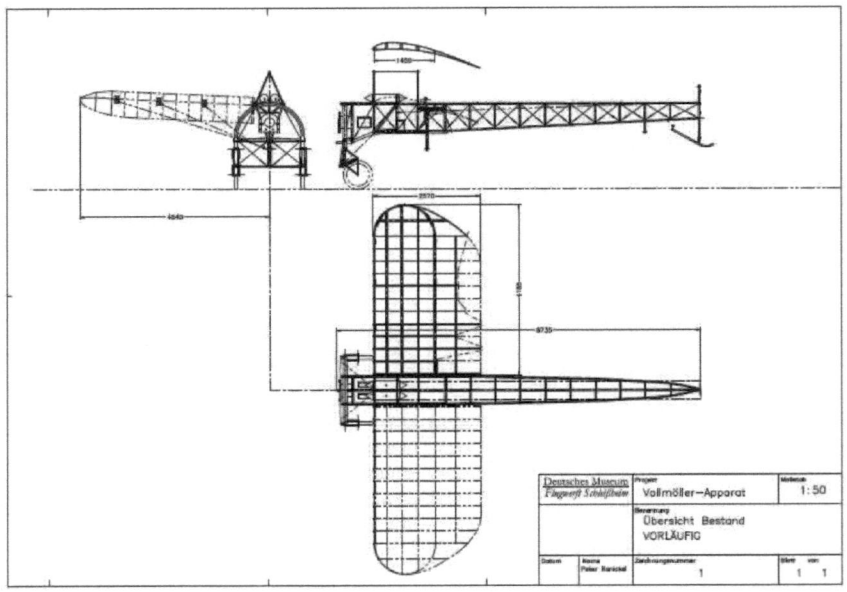

Abb. 6: Übersichtszeichnung Vollmoeller Flugapparat, Deutsches Museum München

Die Gleitflugzeuge Nr. I und Nr. II

"Im Frühjahr 1907 hatte Karl Vollmoeller ein erstes Flugzeug konstru-iert und gebaut", so Jantzen, ein Nurflügel-Modell in ähnlicher Form des Zanonia-Samens, den der Hamburger Professor Friedrich Ahlborn (1858-1937) bereits 1897 als besonders flugstabil erkannt und be-schrieben hatte.[15] Igo Etrich hatte 1903 ein Nurflügel auf dieser Basis gebaut, mit dem ihm erste erfolgreiche Flüge gelangen. In den Folge-jahren schuf er hierauf aufbauend eine Reihe von Flugzeugen.

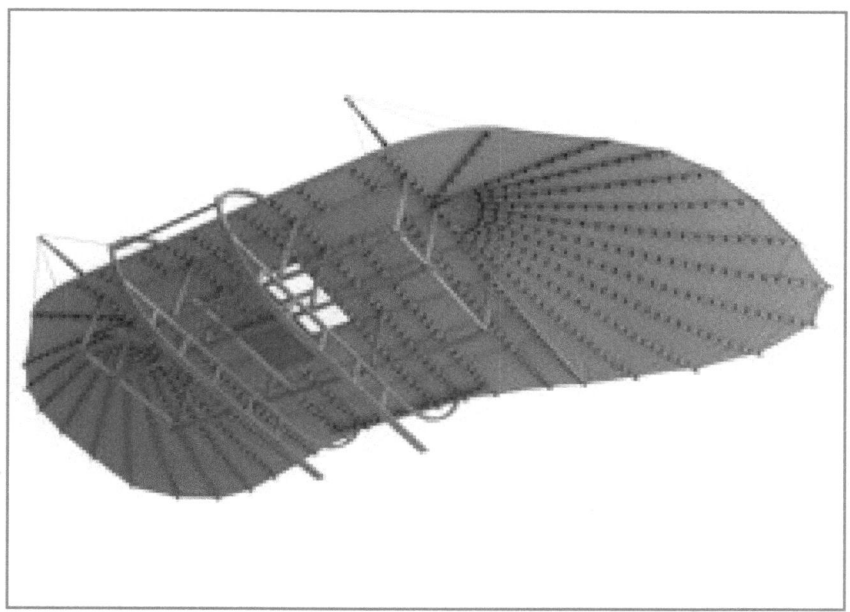

Abb. 7: "Nurflügel" Gleitflugzeug Etrich/Wels 1906 (Modell)

---

[15]   Peter SUPF: Das Buch der deutschen Fluggeschichte Band 1, 2. Auflage, Drei Brunnen Verlag Stuttgart 1956, S. 221f.

Karl Vollmoeller waren diese Entwicklungen sicher bekannt. Über Größe und Details der Vollmoellerschen Flugzeugkonstruktion wissen wir bis heute nichts. Vermutlich waren die Ergebnisse für Karl nicht befriedigend.

1908 wandte sich Karl einem völlig anderen Typ zu – dem von Prof. Samuel Pierpont Langley entwickelten „Aerodromen". Bereits 1896 gelangen Langley mit dem unbemannten Aerodrome Nr. 5 ein Flug von etwa 1.200 Meter nach einem Katapultstart von einem Boot im Potomac River, einem Fluss im Osten der USA.[16] Auch über diesen Flugzeugtyp Karl Vollmoellers fehlen bisher Aufzeichnungen. Offenbar waren diese Versuche ebenfalls unbefriedigend, da er bereits kurz später mit einer neuen Konstruktion beschäftigt war.

Abb. 8: Aerodrome von S. P. Langley, 1903

---

[16] C. David GIERKE: Langley's Steam-powered Flying Machines, in: Aviation History 8, Nr. 6, S. 50.

Das Flugzeug Nr. III (Eindecker)

Im Herbst 1908 wandte sich Karl in Mailand der Konstruktion des in Frankreich zunehmend erfolgreichen Typs „Eindecker" zu. Seine Zukunftsvisionen und Vorstellungen über erfolgreiches Fliegen kamen in seinem Artikel Aviatica aus dem Jahr 1909 zum Ausdruck, in dem er im Eindecker das Flugzeug der Zukunft sah und das Flugzeug als in Zukunft weitverbreitetes und weltumspannendes Verkehrsmittel bezeichnete[17]. Er nannte 4 Voraussetzungen für ein erfolgreiches Fliegen, die auch heute noch als gültig angesehen werden können: 1. eine gute Aerodynamik der Tragflächen, 2. einen leichten und starken Motor, 3. eine hohe Zuverlässigkeit des Motors und 4. ein großes Können des Piloten.

Mit diesem Wissen und der bestmöglichen Umsetzung in seine neuen Konstruktionen, sowie seinem Bruder Hans als Piloten, plante er für den nächsten Wettbewerb die Teilnahme. Mit Christian Auer konnte er einen erfahrenen Fachmann für einen soliden Bau gewinnen, der bereits drei Fahrzeuge der Familie karossierte. Auer war 1895 als Wagnermeister nach Cannstatt gekommen und hatte 1899 mit dem Bau von Autokarosserien begonnen, damals üblicherweise aus Holz und in Einzelanfertigung hergestellt. Um 1900 besaß die Firma Auer bereits einen Namen als Karosseriebauer, insbesondere für den Adel und das begüterte Bürgertum.[18] Für die von Auer gebauten Flugzeuge charakteristisch sollten die großen Bögen im Frontbereich werden, wofür er ein spezielles Biegeverfahren entwickelte.

Das Flugzeug Nr. III war im Frühjahr 1909 fertiggestellt und verfügte über eine Tragfläche von 12/14 Quadratmetern bei einem Gewicht

---

[17] Siehe Karl VOLLMOELLER, Aviatica.
[18] C. BENTER, H. SCHRADER: Deutsche Automobil-Karosserien, Verlag Schrader & Partner, München 1976, S. 8 und S. 25.

von 160 kg mit einem Zweizylinder Anzani, 103x120, V-Form[19]. Charakteristisch war der runde und damit sehr stabile Rumpfbug, der gleichzeitig Fahrwerksträger war. Das kleine Doppelseitenleitwerk war auffallend. Der Rumpf bestand aus lediglich vier Rohren und war damit reiner Leitwerksträger.

> *„Während des Versuchsstadiums ruht, um Radbrüche zu vermeiden, die Last des Höhensteuers auf einem Schlitten. Die Bedienung des Apparates geschieht durch einen einzigen Hebel. Die Steuerung wird ermöglicht durch ein Höhensteuer, die eine Art Schwanz des Apparates bildet, die Seitensteuern wirken nur in Kombination mit der Verbindung der Tragflächen nach dem Patent Wright. Die Propeller sind aus Holz gefertigt und von der Firma Auer geliefert. Das Schlittengestell besteht aus Eschenholz, die Längsträger aus Bambus. Eine sinnreiche Vorrichtung dient dazu, bei den Kurven das Gleichgewicht möglichst zu wahren, der Flieger muß jedoch im Gegensatz zum Radfahrer bei den Kurven sich ganz nach außen legen, wenn der Apparat nicht umstürzen soll."[20]*

---

[19]   Zeitschrift Flugsport, 1. Jahrgang, No. 24, Oktober 1909, S. 696.
[20]   Ebenda.

Abb. 9a und 9b: Flugzeug Nr. III von Karl Vollmoeller, Cannstatter Wasen, Herbst 1909

Aufgrund des schwachen Motors begab sich Karl Vollmoeller auf Motorensuche nach Frankreich, wo sich bereits seit der Jahrhundertwende Firmen mit Konstruktionen und Bau von leichten Benzinmotoren befassten. Eine Entwicklung aufgrund zunehmenden Interesses an motorisierten Zwei- und Dreiradfahrzeugen und Straßenrennen mit solchen Fahrzeugen. Einer dieser Motorenhersteller war die Société Buchet, die 1899 mit der Produktion von Einbaumotoren begann und sich mit starken, großvolumigen Motoren einen Namen gemacht hatte. 1901 stieß der italienische Radrennfahrer Allessandro Anzani (1877-1956) zu Buchet, der bald durch zahlreich gewonnene Motorradrennen den Buchet-Motoren zu hohem Ansehen verhalf. Neben luftgekühlten Einzylinder-Motoren baute Buchet ab 1903 Zweizylinder-Motoren in V-Form. 1906 konstruierte er einen ersten Dreizylinder-Motor in Fächerform.

Anzani verließ Buchet und gründete 1907 seine eigene Motorenfertigung Anzani Moteurs d'Aviation in Courbevoie. Zunächst baute er Zweizylinder-Motoren für Motorräder. Bereits 1907 brachte er V-Motoren heraus, die zu dieser Zeit eine außerordentliche Leistung von etwa 18 PS erbrachten. 1908 entstand der erste Dreizylinder-Fächermotor, der dem Buchet-Motor von 1906 ähnlich war. Zu diesem

Zeitpunkt dachte Anzani neben dem Einsatz in Fahrzeugen auch an den Einbau in Flugzeuge.

Vollmoeller erwarb bei Anzani einen Dreizylinder-Motor mit 25-30 PS, den er im Oktober 1909 in seinen Eindecker Nr. IV einbauen ließ[21].

Die Brüder Vollmoeller hatten eine Bewerbung für den Lanzpreis der Lüfte fest in den Blick genommen, der im Oktober 1909 in Berlin-Johannisthal stattfand. Eine Voraussetzung war jedoch, dass Flugzeug und Motor in Deutschland hergestellt waren. Karl suchte einen leichten deutschen Motor mit guter Leistung, was ihm jedoch zunächst nicht gelang, er bemerkte in seinem Artikel Aviatica 1909:

> *"Bezeichnend ist - dem Verfasser gelang es nicht in der Zeit von Anfang März bis heute für seine in Deutschland erbauten Monoplane* [Eindecker; Anm. Folkmar Schiek] *einen leichten luftgekühlten deutschen Motor zu finden, der zur Bewerbung um den Lanz-Preis erforderlich ist, den das Ausland schon seit Jahren zu Flugzwecken erzeugt."*[22]

Hans Grade, der Gewinner des Lanzpreises, hatte in Kenntnis dieses Problems den Motor für seine Libelle selbst entwickelt.

Aber zunächst begannen die ersten Flugversuche mit dem Eindecker Nr. III am 18. Oktober 1909 auf dem Cannstatter Wasen und dienten dazu, sich mit dem Flugzeug am Boden vertraut zu machen. Die Versuche waren Aufgabe von Hans. Es liegen bis heute keine Hinweise auf Flüge mit diesem Flugzeug vor. Der „Flugsport" berichtete über Sprünge von 30 m[23]. Es ist davon auszugehen, dass der Typ III lediglich am Boden bewegt wurde, auch aufgrund seines schwachen Motors mit 12/14 PS.

---

[21] Zeitschrift DER MOTORWAGEN, XIX/4, 1909, S. 841.
[22] Siehe Karl VOLLMOELLER, Aviatica, S. 477.
[23] Zeitschrift Flugsport, 1. Jahrgang, No. 24, Oktober 1909, S. 696.

Abb. 10: Grade "Libelle" 1909

In einem Artikel der Flugsport No. 23 vom Oktober 1909 war über den Vollmoellerschen Eindecker Nr. III zu lesen:

> *„Der Erfinder ist seit dem Frühjahr vergebens bemüht, einen geeigneten deutschen Motor für seinen Apparat zu beschaffen; da ihm dies nicht gelang, mußte er einen französischen Zweizylindermotor von 15-18 HP einbauen. Der in 10 Tagen fertiggestellte neue Apparat [Eindecker Nr. IV; Anmerkung Folkmar Schiek] hat einen Dreizylinder-Motor von 25 bis 30 HP von der Firma Anzani."[24]*

---

[24] Zeitschrift Flugsport, 1. Jahrgang, No. 23, Oktober 1909, S. 665.

Das Flugzeug Nr. IV (Eindecker)

Das Deutsche Museum Flugwerft Schleißheim benennt die Technischen Daten des Eindeckers mit einer Spannweite von 9,1 m bei einer Flugfläche von 20 Quadratmetern. Das Fluggerät wird auf 350 kg geschätzt - bei einer angenommenen Fluggeschwindigkeit von 60 km/h. Motorisiert war es mit einem Dreizylinder-Fächermotor Anzani mit einer Leistung von 18 kW.[25]

Jantzen vermutet, dass das Flugzeug Nr. IV von Karl *"im September 1909, nach seiner Rückkehr aus Frankreich konzipiert und der Bau im Spätherbst 1909 bei der Firma Auer in Cannstatt begonnen"* wurde. Mit diesem Flugzeug lehnt sich Karl stark an die erfolgreiche Konstruktion von Louis Blériot (1872-1936) an, der mit seinem Eindecker Nr. XI im Juli 1909 erfolgreich den Ärmelkanal überquert hatte. Vollmoellers Eindecker Nr. IV hatte jedoch um 6 Quadratmeter größere Flügelflächen, während die Rumpflängen ähnlich waren. Nun kam der Dreizylinder-Fächermotor von Anzani mit etwa 25-30 PS zum Einbau.

---

[25] Deutsches Museum Flugwerft Schleißheim, Vollmoeller Motorflugzeug, http://www.deutsches-museum.de/flugwerft/sammlungen/propellerflugzeuge/vollmoeller/, abgerufen am 16.3.2016.

Abb. 11: Eindecker Nr. XI von Blériot, 1909

Abb. 12: Vollmoeller Eindecker

Für den Typ IV charakteristisch war das von Auer gebogene Rumpfvorderteil und der schlanke Dreiecksgitterrumpf. Die Steuerung der Seite erfolgte über Fußpedale und zur Veränderung des Höhenleitwerks waren Hebel an der Rumpfaußenwand angebracht, während die Querruder (Flügelverwindung) über ein Steuerrad betätigt wurden.[26]

Teile dieses Flugzeuges sind im Deutschen Museum in der ehemaligen Flugwerft Schleißheim ausgestellt. Frau Dr. Elisabeth Wittenstein-Vollmoeller (1887-1957), eine Schwester der Brüder Vollmoeller und verheiratet mit dem Unternehmer, Kunstsammler und Flugpionier Oskar Wittenstein (1880-1918), schrieb 1950 an das Deutsche Museum in München und hat den Eindecker in der Folge dem Deutschen Museum per Schenkung überlassen:

> *„[...] existiert noch ein Eindecker-Flugzeug, das er im Jahre 1909 selbst gebaut und auf dem Cannstatter Wasen (bei Stuttgart) geflogen hat.*
>
> *Nach dem ersten Weltkrieg hatte ich das Flugzeug leihweise dem Luftfahrt- Museum Böblingen zur Verfügung gestellt. Nach dessen Auflösung wurde es in einem Schuppen auf dem hiesigen Fabrikgelände untergebracht [...] Ich erlaube mir die Anfrage, ob Sie Interesse daran hätten, dieses Flugzeug in Ihr Museum aufzunehmen; ich würde es Ihnen gerne als Ge schenk überlassen.„[27]*

Am 22. März 1910 erfolgten erste Versuche mit dem Typ IV auf dem Cannstatter Wasen. Die Flugsport No. 8 berichtete über *„13 kleinere Flüge von 8-10 m bei 8 m Gegenwind"[28]*. Am 25. März wurden 10 Flugversuche gemeldet, von denen 2 Versuche über rund 200 Meter bei einer Flughöhe von ca. 5 Metern gelangen.

---

[26] Bettina GUNDLER: Flugwerft Schleißheim, Museum für Luft- und Raumfahrt. Ein Führer durch die Geschichte und die Sammlung der Flugwerft Schleißheim, Vollmoeller Motorflugzeug, München 1994, S. 60f.

[27] Schreiben von Frau Dr. Elisabeth Wittenstein-Vollmoeller an das Deutsche Museum München auf einem Briefbogen der Vereinigte Trikotfabriken R. VOLLMOELLER AG vom 16. Juni 1950.

[28] Zeitschrift Flugsport, No. 8, April 1910, S. 242.

Abb. 13: Eindecker von Karl Vollmoeller mit Hans Vollmoeller als Pilot

Der Zuschauerandrang war derart groß, dass die Flugversuche abgebrochen werden mussten. Um Behinderungen durch Zuschauer zu vermeiden verlegte in der Folge Hans seine Versuche auf die frühen Morgenstunden, zu denen offenbar auch keine Zeitungsreporter anwesend waren. *"Der Erstflug über 300 Meter Flugstrecke in sechs Meter Höhe gelang im April 1910 auf dem Cannstatter Wasen bei Stuttgart"*, berichtet das Deutsche Museum[29].

Der Begriff "Erstflug" muss im Zusammenhang mit den bereits zuvor gemeldeten Flügen nicht irritieren, denn es lag wohl in der Bewertung der Berichterstatter, ob sie kleinere "Sprünge" auch als Flüge bezeichneten oder nicht.

---

[29] Deutsches Museum Flugwerft Schleißheim, Vollmoeller Motorflugzeug, http://www.deutsches-museum.de/flugwerft/sammlungen/propellerflugzeuge/vollmoeller/, abgerufen am 16.3.2016.

Abb. 14: Vollmoeller Eindecker 1910

Während den Tests von Hans flog sein Schwager Dr. Oskar Wittenstein von München nach Augsburg und zurück.

> *"Am 15. April flog Dr. Wittenstein (M. Farman) von München nach Augsburg und zurück. Die 54 km lange Strecke München-Augsburg legte er bei sehr böigem Gegenwind mit 70 km Stundengeschwindigkeit in 40 Minuten zurück. Er landete total erschöpft auf dem Augsburger Exerzierplatz. Den Rückflug trat Dr. Wittenstein um 7 Uhr abends an und landete 7,31 bereits auf dem Flugfelde München-Puchheim."[30]*

[30] Ansbert VORREITER (Hg.): Jahrbuch der Luftfahrt, II. Jahrgang 1912, J. F. Lehmanns Verlag München 1912, S. 499.

Abb. 15: Dr. Oskar Wittenstein

Im August 1910 meldete sich Hans Vollmoeller für die offizielle Pilotenprüfung, die 3 Flüge von je rund 5 Kilometern als Platzrundflüge mit je einer Zwischenlandung am Startpunkt forderte, an. Aufgrund schlechten Wetters und böigen Windes in der ersten Augustwoche wurde die Prüfung auf den Nachmittag des 14. August gelegt. Am Abend des Tages sollte das Flugzeug dann verladen und nach Frankfurt a.M. gebracht werden, um dort vom 16. bis 18. August an einem ersten Wettbewerb, dem Überlandflug Frankfurt-Mannheim, teilzunehmen[31]. Übungsflüge von Hans am Vormittag des 14. August auf dem Cannstatter Wasen verliefen erfolgreich und seinem Erfolg für die kommenden Tage sollte nichts mehr im Wege stehen. Am späten Nachmittag begannen dann die Prüfungsflüge. Zur Sicherheit hatte die

---

[31] Siehe Eilhard JANTZEN, Die Gebrüder Vollmoeller und die frühe Luftfahrt, S. 102.

Polizei ein Flugfeld mit Seilen abgesperrt und Schutzpolizei aufgestellt. Der erste Rundflug von Hans in etwa 50 Metern Flughöhe war erfolgreich und voller Begeisterung durchbrachen die Zuschauer bei der geforderten ersten Zwischenlandung die Absperrung und liefen auf das Flugfeld. Nach dem erneuten Start flog Hans in ca. 100 Metern Höhe in Richtung Untertürkheim, um in einer großen Schleife über Wangen und Gaisburg wieder zum Wasen zurückzukehren und zu landen. Beim Landeanflug fiel jedoch plötzlich der Motor aus und er kam nach steilem Gleitflug auf dem Boden auf; dabei machte das Flugzeug eine scharfe Linksdrehung und raste auf die auf ihn zulaufenden Zuschauer zu. Schließlich kam das Flugzeug, das wie alle damals ohne Bremsen war, an einem Baum zum stehen. Beim Aufprall brach ein Teil des Propellers ab und traf einen neunjährigen Jungen tödlich[32]. Die Prüfungsflüge wurden sofort abgebrochen. Die Pilotenprüfung war aufgrund des Abbruchs unvollständig und damit die Teilnahme am Überlandflug Frankfurt-Mannheim ausgeschlossen, denn die Voraussetzungen für eine Teilnahme war der Flugzeugführerschein.

"Als der Vater Vollmoeller, ohnehin ablehnend gegenüber den 'Spielereien' seiner Söhne von dem tödlichen Unfall erfuhr, verbot er strikt jede weitere Beschäftigung auf diesem Gebiet", so Jantzen. Trotzdem eine Untersuchungskommission die völlige Unschuld von Hans an diesem Unglück bestätigte, war der Vater nicht umzustimmen.

Wenige Wochen nach dem tödlichen Unfall startete Hans erneut mit seinem Flugzeug. Am 19. September 1910 stürzte er auf dem Cannstatter Wasen bei Flugversuchen aus etwa 10 Metern Höhe ab und wurde leicht verletzt. Das schwer beschädigte Flugzeug wurde instandgesetzt und Hans dachte auch jetzt nicht daran, aufzugeben. Am 12. Oktober 1910 meldete die Württemberger Zeitung, dass auch

---

[32] Deutsches Museum Flugwerft Schleißheim, Vollmoeller Motorflugzeug, http://www.deutsches-museum.de/flugwerft/sammlungen/propellerflugzeuge/vollmoeller/, abgerufen am 16.3.2016.

„in der Werkstätte Vollmöllers, des bekanntesten Fliegers auf dem Wasen" die Reparaturarbeiten rasch vorwärts schreiten, *„so daß also bald ein einheimisches Wettfliegen erwartet werden darf."*[33] Es ist unklar, ob es dazu gekommen ist, es dürfte jedoch eher unwahrscheinlich sein, aufgrund des strikten Verbotes des Vaters. *"Im November mußte sich Hans einer Blinddarmoperation unterziehen"*, so Jantzen.

In der Folge reifte in Hans sicher die Überzeugung, dass er mit einem Entgegenkommen des Vaters nicht rechnen konnte und somit alle weiteren Flugversuche in Stuttgart ausgeschlossen waren. Es gibt keine Hinweise, dass Hans versucht hätte, nach der Trennung von seiner Familie weitere Versuche mit dem eigenen Flugzeug fortzusetzen. Damit kann die Zeit der eigenen Flugzeugentwicklung und Erprobung der Brüder Vollmoeller als beendet angesehen werden. Die geplante Produktion und der Vertrieb dieses Flugzeuges mit Christian Auer musste aufgegeben werden.

Im Winter 1910/11 verließ Hans das Elternhaus und Stuttgart. Der inzwischen zweiunddreißigjährige Karl ging nach Florenz zurück und widmete sich wieder seinem Beruf als Schriftsteller und Bühnenautor.

---

[33] 2. Blatt der Württemberger Zeitung. Mittwoch, 12. Oktober 1910, S. 5.

KAPITEL 6

Der Alte Adler Hans Vollmoeller

Nach erzwungener Beendigung der fliegerischen Aktivitäten mit dem eigenen Flugzeug durch den Vater, entschied sich Hans für den Beruf des Werkspiloten, denn seine Flugbegeisterung war ungebrochen.

Werkspilot bei der Firma Rumpler in Berlin-Johannisthal (1911)

Hans Vollmoeller hatte offenbar die Zusage von Rumpler erhalten, nach erfolgreicher Pilotenprüfung bei ihm als Werkspilot angestellt zu werden. Es war ein glücklicher Umstand für Hans, dass Hellmuth Hirth (1886-1938) im Frühjahr 1911 Pilot der Firma Rumpler wurde[34]. Hirth hatte bei Etrich auf der „Taube" das Fliegen erlernt und am 11. März 1911 in Berlin-Johannisthal die Pilotenprüfung erfolgreich abgelegt.

Hans zog Ende März 1911 nach Berlin und wurde in den darauffolgenden Wochen von Hirth auf der Etrich-Rumpler-Taube ausgebildet. Am 15. Mai 1911 legte Hans die Pilotenprüfung ab (Flugzeugführerschein Nr. 84) und gehört somit zu den "Alten Adlern". Er begann am 1. Juni 1911 unter dem Chefpiloten Hirth als Werkspilot bei Rumpler. Sein Aufgabengebiet umfasste im besonderen das Einfliegen neuer Maschinen und die Durchführung von Schau- und Wettbewerbsflügen mit Rumpler-Flugzeugen.

Johannes von Guenther schrieb in "Ein Leben im Ostwind":

"Hans war Flieger und arbeitete bei der Firma Rumpler, die in Johannisthal, der Fliegerzentrale Berlins, ihren Sitz hatte. 1911

---

[34] Hellmuth HIRTH: Meine Flugerlebnisse, Ferd. Dümmlers Verlagsbuchhandlung, Berlin 1915.

wurde dort gerade ein neues Flugzeugmodell ausprobiert, die später berühmt gewordene 'Taube'."[35]

Im Mai 1911 führte Vollmoeller (Etrich-Rumpler) *"bei böigem Winde den ersten größeren Breslauer Überlandflug aus, indem er in 200 m Höhe von Hartlieb nach dem Grandauer Exerzierplatz flog.*"[36]

Rumpler-Taube aus Munster mit zwei Offizieren als Piloten zu Besuch in Schneverdingen, 1912

Abb. 16: Rumpler-Taube, 1912

Von 4. bis 11. Juni 1911 fanden die nationalen Flugwochen in Berlin-Johannisthal statt, welche *"gewissermaßen als Ouvertüre zu dem am 11. Juni beginnenden Rundflug durch Deutschland gedacht"* waren. Diese Flugwochen waren *"nur für solche Flieger deutscher Nationalität offen, die noch keine Preise in Höhe von 5000 M. oder mehr gewonnen*

[35] Johannes VON GUENTHER: Ein Leben im Ostwind, Biederstein-Verlag München, 1969.
[36] Siehe Ansbert VORREITER, Jahrbuch der Luftfahrt, S. 515.

hatten."[37] Die Flugwoche stand im Zeichen der Höhenflüge und Hans gelang am 5. Juni mit seiner Etrich-Rumpler-Taube ein neuer Höhenrekord mit 1870 Metern. Er beendete die Flugwochen auf dem 11. Platz mit geflogenen 99 Minuten und einem Preisgeld von 1100,48 Mark.[38] Noch während dieser Flugwoche wurde er für die größte Motorflugveranstaltung „Deutscher Rundflug" (11. Juni bis 7. Juli) vorgeschlagen, der am 11. Juni in Johannisthal zum ersten Mal begann[39] und bei dem in 13 Etappen eine Strecke von 1854 Kilometern zu durchfliegen waren, verbunden mit entsprechenden Schauflügen an den Etappenstationen: Berlin-Johannisthal-Magdeburg-Schwerin-Hamburg-Kiel-Lüneburg-Hannover-Münster-Köln-Dortmund-Kassel-Nordhausen-Halberstadt-Berlin-Johannisthal. 14 deutsche Flieger, darunter auch Hans Vollmoellers Schwager Oskar Wittenstein, flogen mit, manche nur eine Etappe. Für die Sieger wurden insgesamt 496.000 Goldmark gestiftet. Allein die Berliner Zeitung „BZ am Mittag" hatte 100.000 Mark eingebracht, ebenso wie der Verlag Ullstein & Co..

"Der Start in Johannisthal gestaltete sich zu einer Volkskundgebung, wie sie die Hauptstadt wohl noch nie zu einem sportlichen Ereignis erfahren. - In der dem Start voraufgegangenen Nacht begann schon die Völkerwanderung. Die ersten Züge der Stadt- und Görlitzer Bahn erlebten einen Ansturm wie nie zuvor. Die Fahrkarten waren ausverkauft, man fuhr ohne Karte; auf den Dächern der Personenwagen und auf den Puffern sassen Männer, Frauen und Kinder. Niemand wollte versäumen, unseren tapferen Fliegern einen Abschiedsgruss auf die grosse Luftreise durch Deutschlands Gauen mitzugeben."[40]

---

37 Siehe Ansbert VORREITER, Jahrbuch der Luftfahrt, S. 519.
38 a.a.O. S. 520.
39 Deutscher Rundflug, in: Zeitschrift Flugsport 1911, S. 377ff. und 524 ff.
40 Walther STEIN (Hg.): Deutschlands Eroberung der Luft. Die Entwicklung deutschen Flugwesens an Hand der 315 Wirklichkeitsaufnahmen dargestellt von Ingenieur Willi Hackenberger. Erster Band. Verlag Hermann Montanus Siegen, Leipzig, Berlin, 1915.

Hans Vollmoeller mit Oberleutnant Bertram gelang als Neuling mit seinem Etrich-Rumpler-Eindecker mit 70 PS Mercedes-Motor (wassergekühlt) ein großer Erfolg. Er errang den 2. Platz mit 1838 Passagier-Kilometern, dicht hinter dem 1. Platz von König mit Leutnant Koch (Albatros-Gnome). Sein Schwager Wittenstein erzielte den 5. Platz. Das Preisgeld für Hans betrug 79.615 Mark.[41]

"Max Korn zeichnete 1911 die Ankunft der Flieger. Der „Deutsche Rundflug um den B.Z.-Preis der Lüfte" führte in Tagesetappen über 1900 Kilometer. Wegen eines Unwetters verschob sich der Start in Halberstadt. So fuhren die Dessauer am 9. und 10. Juli zu den Elbwiesen, auch per Straßenbahn. Allein 50 000 Fahrscheine sollen gelöst worden sein, ein Großereignis aus Sperrholz, Leinwand und Wagemut. Es gab Notlandungen, aber im Gegensatz zur Flugwoche zuvor, keine Opfer. Benno König siegte auf einem LVG-Doppeldecker. Hans Vollmüller in der Rumpler-Taube belegte den zweiten Platz."[42]

Für September 1911 war Hans Vollmoeller eine besonders ehrenvolle Aufgabe übertragen worden, er sollte bei der Kaiserparade fliegen.

"Am Kaisermanöver im September 1911 nahmen zum ersten mal neben Luftschiffen auch Flugzeuge teil."[43]

"Am 1. September erschienen gelegentlich der Kaiserparade auf dem Tempelhofer Felde Vollmoeller (Etrich-Rumpler) und Eyring (Albatros) über dem Paradefelde, umkreisten dasselbe und kehrten nach Johannistal zurück."[44]

---

[41] Siehe Ansbert VORREITER, Jahrbuch der Luftfahrt, S. 526-534.

[42] http://www.mz-web.de/dessau-rosslau/max-korn-ankunft-der-flieger-3479496, abgerufen am 16.3.2016

[43] Hans von LÜNEBERG: Geschichte der Luftfahrt, Band 1 Geschichte/Flugzeuge, Reinhard Welz (Hg.), Vermittlerverlag Mannheim 2003, S. 110.

[44] Siehe Ansbert VORREITER, Jahrbuch der Luftfahrt, S. 555.

Bei der Parade flogen *"vier Etrich-Rumpler-Tauben und vier Albatros-Doppeldecker des Typs Farman"*[45].

Der "Schwäbische Überlandflug" (10.9.-13.9.) begann am 10.9. auf dem Rennplatz Weil bei Esslingen mit Schauflügen und für 11.9. war ein Überlandflug Weil-Wasen-Ulm geplant. Nach Schauflügen am 12.9. in Ulm fand am 13.9. ein Überlandflug Ulm-Biberach-Ravensburg-Friedrichshafen statt.

Unterschiedliche Quellen nennen verschiedene Flugzeuge, mit denen er geflogen sein soll. Die Dokumentation über den Flugplatz Schneverdingen nennt eine „Jeannin-Taube"[46], Hans von Lüneberg dokumentiert Hans Vollmoeller als Sieger mit einer Rumpler-Taube mit einem 50-PS-Antoinette-Motor[47] und Ansbert Vorreiter nennt eine *"Rumpler-Taube, 100 PS Argus."*[48] In der zeitlichen Einordnung seiner Pilotenaktivitäten ist jedoch davon auszugehen, dass Hans mit einer Rumpler-Taube flog. Hans nahm an allen Etappen teil und die Gesamtbewertung der Leistungen ergab eine Gleichwertigkeit zwischen ihm und dem Flieger Emile Jeannin (1874-1957), so *"dass der 1. und 2. Preis zusammengelegt und geteilt wurde"*[49]. Jeder der beiden erhielt 14.000 Mark.

---

[45]   Siehe Hans von LÜNEBERG, Geschichte der Luftfahrt, S. 110.
[46]   Gemeinde Schneverdingen (Hg.): Der Flugplatz Schneverdingen und seine Geschichte 1909-1913, Ein Kapitel aus den Anfangsjahren des deutschen Flugwesens, von Richard BORSCHEL, Schneverdingen 1957, unveränderter Nachdruck 1976, Seite 34.
[47]   Siehe Hans von LÜNEBERG, Geschichte der Luftfahrt, S. 109.
[48]   a.a.O. S. 557.
[49]   Siehe Eilhard JANTZEN, Die Gebrüder Vollmoeller und die frühe Luftfahrt, S. 106.

Abb. 17: Schwäbischer Überlandflug, September 1911, mit König Wilhelm II. und Flieger Hans Vollmoeller

An den Johannsthaler Flugwochen vom 24. September 1911 bis 1. Oktober 1911 sollte Hans Vollmoeller als einer von 24 Teilnehmern ebenfalls starten. Aufgrund der Teilnahme der jungen Rumpler-Pilotin Melli Beese (1886-1925) kam es zu Auseinandersetzungen mehrerer Piloten, u.a. auch zwischen Hans Vollmoeller und Edmund Rumpler (1872-1940), was in der Folge zur Trennung führte.[50]

Pilot bei der Firma Oertz in Schneverdingen (1912)

> *"In Deutschland befand sich der Flugzeugbau noch in den Kinderschuhen, und Max Oertz betrat Neuland, als er mit der Konstruktion von Flugapparaten begann. Sein erstes Modell war*

---

[50] Ebenda.

noch ein Doppeldecker mit einem filigranen offenen Gitterrumpf. Bereits sein Typ "V1" war ein zweisitziger Eindecker mit einem stromlinienförmigen [...] geschlossenen Rumpf."[51]

Ernst Dax startet den Eindecker V 1(a) zu einem Versuchsflug. Stadtarchiv Schneverdingen

Abb. 18: Eindecker V1(a), Versuchsflug durch Ernst Dax

In den ersten Augusttagen 1909 *"erschienen in Schneverdingen mehrere Herren aus Hamburg und betrachteten aufmerksam die weiten Heideflächen [...] Max Oertz brauchte zur Verwirklichung seiner Pläne einen Flugplatz."*[52] Er pachtete bei Schneverdingen (Lüneburger Heide) ein *"500 Morgen großes Heidegelände zwischen Bahnlinie und Pietzmoor am Ortsausgang in Richtung Heber"*[53] zum jährlichen Pacht-

---

[51] Stadtarchiv SCHNEVERDINGEN: Piloten und Flugmaschinen über Schneverdingen, Geschichte, Fotografien und Luftaufnahmen rund um Schneverdingens Flugplätze, 4 Seiten DIN A 4.
[52] Siehe Der Flugplatz Schneverdingen und seine Geschichte, S. 12.
[53] Siehe Piloten und Flugmaschinen über Schneverdingen.

preis von 400 Mark, um eine ungestörte Flugerprobung durchführen zu können und baute es zum Werksflugplatz aus. Der Pachtvertrag wurde auf 10 Jahre mit dem Grundeigentümer Christoph Brockmann abgeschlossen.

Abb. 19: Prinz Heinrich zu Besuch in Schneverdingen 1911 (mit Dipl.-Ing. Fritsch, Baron von Parish und Ing. Dax)

Im März 1912 wurde Hans Vollmoeller als Einflieger bei der Firma Oertz angestellt, so berichteten die "Hamburger Nachrichten" am 8. März 1912, dass *"Für die Führung des von Max Oertz gebauten und konstruierten Eindeckers [...] der bekannte deutsche Flugzeugführer Vollmöller verpflichtet worden"* sei und Vollmoeller gehöre zu den jüngeren Fliegern, jedoch *"unstreitig zu den besten seines Standes"*.[54]

---

[54] Gemeinde Schneverdingen (Hg.): Der Flugplatz Schneverdingen und seine Geschichte 1909-1913, Ein Kapitel aus den Anfangsjahren des deutschen Flugwesens, von Richard BORSCHEL, Schneverdingen 1957, unveränderter Nachdruck 1976, Seite 34.

Als Hans am 8. März 1912 in Schneverdingen eintraf hatte gerade die Erprobung des dritten Oertz-Eindeckers V3 begonnen. Prinz Heinrich von Preußen, Bruder des Kaisers Wilhelm II., der ebenfalls einen Pilotenschein besaß, interessierte sich für dieses elegante und schnelle Flugzeug und war bereits einen Tag später zur Vorführung in Schneverdingen, welches er zwischen 1911 und 1912 viermal besuchte. Am 9. März 1912 stellten Hans Vollmoeller und der zweite Pilot Wynmalen vor den Augen des Prinzen Heinrich und seines Gefolges die außerordentliche Wendigkeit und Schnelligkeit des V2 und V3 unter Beweis und vollführten *„prächtige Flüge"*[55].

Abb. 20: Oertz Eindecker V3 , Wandsbeck, März 1912

"Ende März traf der Oertz-Eindecker V 4 mit 14 Zylindern, also 100 PS, in Schneverdingen ein. Wynmalen wurde mit dem Einfliegen be-

---

[55]   Siehe Der Flugplatz Schneverdingen und seine Geschichte, S. 35.

traut."[56] Am 3. April startete Hans zur ersten Erprobung des 70-PS-Oertz-Eindeckers auf einen Überlandflug Bremen-Hannover. Trotzdem er *„fortwährend mit Seitenwinden zu kämpfen hatte und durch schwere Gewitter mußte"*[57], erreichte er Hannover in 48 Minuten bei einer Durchschnittsgeschwindigkeit von 170 km/h. *„Bei seinem Rückflug von Hannover geriet das Flugzeug hinter Schwarmstedt in einen Schneesturm, welcher Vollmöller fast ohne Sicht zur Landung zwang."* Seine Rückkehr wurde ein zweites Mal durch einen Motordefekt unweit Fallingbostel und der damit erzwungenen Außenlandung unterbrochen, worauf er dieses Flugereignis als *„den schlimmsten und furchtbarsten Flug"*, bezeichnete, *„den er bisher überstanden habe."*[58]

Am 11. April 1912 führte Hans Vollmoeller die Oertzschen Flugzeuge hohen Militärs in Gegenwart des Prinzen Heinrich vor. Morgens um 5 Uhr

> *„sausten bereits wieder die Automobile zum Flugplatz, um Ingenieure und Monteure, welche die Fahrzeuge bereitstellen mußten, zur Halle zu bringen. Prinz Heinrich erschien gegen 7 Uhr. Der Nebel machte anfangs die Fahrten unmöglich; die ersten Aufstiege fanden daher erst um 10 Uhr bei gutem Wetter statt. Wynmalen und Vollmöller flogen"*[59].

Nach weiteren flugplatznahen Test- und Schauflügen startete Hans am 26. April 1912 zu einem weiteren Fernflug mit einem Oertz-Eindecker über Kiel nach Lübeck, das er *„in 90 Minuten bei hereinbrechender Dunkelheit"*[60] erreichte.

Anfang Mai 1912 lehnte die Militärbehörde die Oertz-Eindecker als ungeeignet für die Truppen ab, denn das preußische Militär wünschte

---

[56]   a.a.O. S. 39.
[57]   a.a.O. S. 44.
[58]   Ebenda.
[59]   a.a.O. S. 41.
[60]   a.a.O. S. 45.

zur Feindbeobachtung langsamere Flugzeuge. Das Ende der Erprobung in Schneverdingen zeichnete sich somit für Oertz ab. Max Oertz verlor die Hoffnung auf diese Haupteinnahmequelle und letztlich die Motivation, sich mit dem Flugzeugbau weiter zu beschäftigen. Der Flugbetrieb wurde Ende Mai 1912 eingestellt. Buchstätter, Wynmalen und Vollmöller verließen Schneverdingen und das Flugplatzpersonal wurde entlassen.[61]

Zwischendurch in Wien (1912)

Von 23. bis 30. Juni 1912 fand die erste internationale Flugwoche in Österreich, in Aspern bei Wien, statt.

> *"Offiziell eröffnet wurde der Flughafen Wien-Aspern am 23. Juni 1912 mit der ersten internationalen Flugwoche, bei der 50.000 Zuschauer gleich drei Höhenweltrekorde (4.360 Meter ohne Passagier) und einen Steiggeschwindigkeitsweltrekord (1.000 Meter in 6 Minuten 15 Sekunden) der 44 Teilnehmer aus ganz Europa mitverfolgen konnten."*[62]

Hans Vollmoeller war vermutlich als Privatmann anwesend. Er ließ sich für die Disziplin Dauerfliegen aufstellen und flog eine Taube, möglicherweise das Privatflugzeug von Hellmuth Hirth. Hirth traf am 12. Juni für den Wettbewerb Berlin-Wien ein, nahm jedoch an der Flugwoche nicht teil. Hans Vollmoeller erreichte am 3. Flugtag mit 1 Stunde und 36 Minuten den 3. Preis und am 5. Flugtag mit 2 Stunden und 32 Minuten den 1. Preis.[63]

---

[61] a.a.O. S. 49 ff.

[62] http://www.asperniq.at/magazin/luftschiffe_und_tollkuehne_flieger/, abgerufen am 16.3.2016.

[63] Stephan POPPER: Das österreichische Flugmeeting 1912, in: Österreichische Flugzeitschrift 1912, S. 292 ff.

Mögliches Zwischenspiel bei Rumpler (1912/1913)

In der Zeit zwischen Juli 1912 und Frühjahr 1913 könnte Hans Vollmoeller wieder bei Rumpler gewesen sein. *"Zwei Bilder aus der Zeit
von 1912 lassen es als möglich erscheinen, daß Hans Vollmoeller wieder in eine geschäftliche Beziehung zu Rumpler getreten ist."*[64] Eines
der Bilder zeigt Hans in einer Rumpler-Taube sitzend, die mit dem 7-
Zylinder und 70 PS-Umlaufmotor der französischen Firma Gnome aus-
gerüstet war.

Abb. 21:

*Rumpler-Taube mit Gnome-
Umlaufmotor, Hans Vollmoeller
am Steuer (verm. 1912)*

Das zweite Bild zeigt Hans und Karl mit Edmund Rumpler im Winter
1912/13 neben einer Rumpler-Taube.

---

[64]   Siehe Eilhard JANTZEN, Die Gebrüder Vollmoeller und die frühe Luftfahrt, S. 108.

Abb. 22: v.l. Edmund Rumpler, Hans und Karl Vollmoeller vor einer Rumpler-Taube, Winter 1912/13

Über Wettbewerbsaktivitäten von Hans in der Zeit zwischen Herbst 1912 und Frühjahr 1913 ist bislang nichts bekannt geworden.

Werkspilot bei den Albatros-Flugzeugwerken

in Berlin-Johannisthal (1913-1915[?])

1912 wurde Hellmuth Hirth technischer Direktor der Albatros-Werke Johannisthal. Er konnte im Dezember 1912 seinen alten Bekannten vom Cannstatter Wasen Ernst Heinkel als Konstruktionsleiter für Albatros gewinnen.

> *"Ernst Heinkel (1888-1958) hatte seine Ingenieurslaufbahn 1911 als Konstrukteur bei der Luftverkehrsgesellschaft Johannisthal begonnen und später bei den Albatros-Werken, den Hansa- und*

Brandenburgischen Flugzeugwerken und den Caspar-Werken fortgesetzt."[65]

Wenige Wochen später wurde Hans Vollmoeller bei Albatros als Werkspilot angestellt. Die Albatros-Werke hatten über hundert Mitarbeiter und bauten zwei Typen Doppeldecker, die vom Heer angekauft wurden.

Abb. 23: Eindecker von Albatros mit Hirth als Pilot, Konstrukteur Ernst Heinkel

"Ernst Heinkel konstruierte zunächst einen taubenähnlichen Eindecker. Mit der mit Schwimmern versehenen Version konnte er seine ersten großen Erfolge bei dem vom 29. Juni bis 5. Juli

---

[65] https://web.archive.org/web/20060928025551/http://www.deutsches-museum.de/bib/archiv/heinkel.htm, Firmenarchiv Ernst Heinkel Mai 2000, abgerufen am 18.3.2016

1913 veranstalteten Wasserflugzeug-Wettbewerb auf dem Bodensee erringen"[66] [67]

Hans Vollmoeller erzielte den 1. Preis des Wettbewerbes für Sportflugzeuge. Für die geforderten 100 Kilometer benötigte er 50 Minuten.[68]

Albatros-Sporteindecker (Flieger Vollmöller)

Abb. 24: Albatros-Sporteindecker, Juli 1913

Hellmuth Hirth errang den Großen Preis vom Bodensee mit dem größeren Flugzeug mit 100 PS-Motor.

---

[66] https://www.vth.de/flugmodell-und-technik/4300-100-jahre-bodensee-wasserflug/, abgerufen 18.3.2016.
[67] Siehe Eilhard JANTZEN, Die Gebrüder Vollmoeller und die frühe Luftfahrt, S. 109.
[68] Bodensee-Wettbewerb für Wasserflugzeuge, in: Zeitschrift für Flugtechnik und Motorluftschifffahrt (1913), S. 182.

Am 30. und 31. August 1913 nahm Hans Vollmoeller am „Rund-um-Berlin-Flug" mit einem Albatros-Eindecker erfolgreich teil. Er konnte mit 13 weiteren Piloten *"den Flug in Gänze durchführen, mit 3 Std. und 28 min. der Vierte, wobei er als einziger nur einen 75 PS-Motor hatte."*[69]

---

[69] Siehe Eilhard JANTZEN, Die Gebrüder Vollmoeller und die frühe Luftfahrt, S. 109.

KAPITEL 7

Pilot im Ersten Weltkrieg

Über Hans Vollmoellers Zeit als Pilot im Ersten Weltkrieg ist aufgrund des Verlusts der Militärakten und aus Mangel an persönlichen Aufzeichnungen wenig bekannt.

Ende 1914 war er bei der preußischen Fliegertruppe als Beobachtungsflieger an der Westfront eingesetzt und wurde mit dem Eisernen Kreuz ausgezeichnet. Bereits im Frühjahr 1915 kehrte er im Range eines Vizefeldwebels aufgrund von Herzstörungen aus dem Krieg zurück.[70]

---

[70] Siehe Flugsport, 9.Jahrgang 1917.

KAPITEL 8

Pilot bei Versuchsbau Gotha Ost (VGO) (1915-1917)

"Am 14. September 1914 fand im Hause von Direktor Gustav Klein der Bosch-Werke in Stuttgart eine historische Zusammenkunft statt. Anwesend waren die Herren Graf Zeppelin, Robert Bosch, Albert Hirth und Direktor Klein, Ernst Heinkel und Alexander Baumann. Ziel der Besprechung war die Verwirklichung eines Transatlantik-Flugzeuges für einen zukünftigen Zivilflugverkehr."[71]

Dieses Transatlantik-Flugzeug sollte zunächst 1915 zur Weltausstellung nach San Francisco fliegen. Für diesen Einsatz sollte ein Riesen-Doppeldecker entwickelt werden.

"In einer von der Gothaer Waggonfabrik zur Verfügung gestellten Werkanlage etablierte sich 1915 die von Graf Zeppelin, Gustav Klein und Robert Bosch gegründete Firma V.G.O.- Zeppelin Versuchsbau GmbH Gotha Ost. Im folgenden Jahr zog die Firma nach Berlin-Staaken, da die Werkhallen in Gotha nicht mehr für den Bau der Riesenflugzeuge ausreichte."[72]

Die Maße des Doppeldeckers waren atemberaubend. Mit einer Spannweite von 42,2 Metern bei einer Länge von 24 Metern und 8 Metern Höhe, bedurfte es 3 Maybach-Motoren Typ HS mit zusammen 720 PS.[73]

---

[71] Heiner DÖRNER: Julius Robert Mayer - Wilhelm Maybach - Alexander Baumann. Heilbronner Windenergie-Pioniere, 2000 Stadtarchiv Heilbronn, S. 241.
[72] http://www.luftfahrtarchiv.eu, Deutsche Flugzeuge, Zeppelin V.G.O. I-III, abgerufen am 18.3.2016.
[73] Heiner DÖRNER, Mayer-Maybach-Baumann, S. 242.

Abb. 25: VGO I mit 3 Maybach-Motoren je 240 PS, 1915 (Piloten: Hellmuth Hirth und Hans Vollmoeller)

> *"Es entstand - heute würde man sagen als Prototyp - die VGO I (RML I), ein dreimotoriger Doppeldecker mit dezentraler Motorenanlage mit Wartungsmöglichkeiten der Motoren im Flug."*[74]

Nach 7 Monaten Bauzeit war der gigantische Doppeldecker am 11. April 1915 fertiggestellt. Chefkonstrukteur war der Stuttgarter Professor Alexander Baumann (1875-1928). *"Die Besatzung bestand aus Hellmuth Hirth und einem zweiten Flugzeugführer sowie den drei Bordmonteuren."*[75]

Kurz später wird Hans Vollmoeller Testpilot bei VGO. *"Nach einigen Flügen im Gothaer Raum, unternahmen die Beiden* [Vollmoeller und Hirth; Anm. Folkmar Schiek] *am 6. Juni 1915 mit dem neuen Flugzeug, VGO I genannt, ihren ersten Fernflug nach Friedrichshafen."*[76] Dort

---

[74] Ebenda.
[75] Ludwig BÖLKOW (Hg.): Ein Jahrhundert Flugzeuge, Springer Verlag Berlin Heidelberg GmbH, 1990, S. 100.
[76] Siehe Eilhard JANTZEN, Die Gebrüder Vollmoeller und die frühe Luftfahrt, S. 110.

sollten die Motoren gegen stärkere Motoren ausgetauscht werden, was sich jedoch durch Probleme bei der Werkserprobung länger hinzog. Beim Rückflug nach Gotha am 15. Dezember, bei dem Hirth Kommandant und Vollmoeller Führer waren, setzten über dem Thüringer Wald bei starkem Schneetreiben die beiden seitlichen Motoren aus. Die kritische Situation meisterte der noch junge aber schon erfahrene Hans Vollmoeller mit einer hervorragenden Außenlandung in unbekanntem Gelände, bei der alle Besatzungsmitglieder unverletzt blieben. Das beschädigte Flugzeug wurde nach Gotha transportiert und wieder instandgesetzt.

Inzwischen war der Platz in Gotha zu klein geworden und die gesamte Produktion wurde Ende Juni 1916 in die Luftschiffhalle nach Berlin-Staaken, ein Ortsteil Spandaus, verlegt. Theodor Heuss schrieb in seiner Robert Bosch-Biografie:

> "[...] später verlegte man die Tätigkeit in die geeignete Luftschiff-Werft von Staaken bei Berlin [...] die konstruktive Hauptarbeit besorgte ein ernsthafter Wissenschaftler, Professor Dr. A. Baumann von der Stuttgarter Hochschule, neben ihm die Fliegerspezialisten wie Hirth, Vollmoeller, vorübergehend auch Ernst Heinkel [...] Das 'Riesenflugzeug' ließ alle bisher in der internationalen Fliegerei bekannten Maße weit hinter sich: aus gerüstet mit drei 240-PS- Maybach-Motoren erreichte es eine Spannweite von 43 Metern und konnte 3000 kg Nutzlast tragen."[77]

Im August 1916 schied Hirth aus, Vollmoeller blieb Testpilot.

[77] Theodor HEUSS: Robert Bosch, R. Wunderlich Verlag Tübingen, 1946.

KAPITEL 9

Hans Vollmoellers Absturz mit Todesfolgen

Am 10. März 1917 fand das junge Leben von Hans Vollmoeller ein jähes und dramatisches Ende. Bei einem Versuchsflug mit dem VGO I, bei dem Vollmoeller 1. Flugzeugführer war, zusammen mit dem Bosch-Direktor und Flugzeugkonstrukteur Gustav Klein, Bordmonteur Hermann Niekreutz (1858-1917), Bordmonteur Arno Wend (1896-1917) und dem 2. Flugzeugführer Carl Kuring, streifte das Flugzeug infolge des Versagens der Steuerung die Halle in Staaken und stürzte ab. Fast die gesamte Besatzung fand den Tod.

> *„Es war ein widriger, kalter und windiger Tag – statt um zehn Uhr kam man erst um zwei Uhr zum Start, die Tore der Halle waren durch die Kälte sperrig geworden. Aber man wollte den Versuch nicht vertagen. Er scheiterte; das Flugzeug, bei der Rückkehr von seinem Rundflug über das Feld, stieß an ein Ecktor der Halle und zerschellte im Absturz. Der Führer, der junge Vollmöller, war sofort tot."*[78]

Kurz nach der Beerdigung von Direktor Klein

> *„wurde auf dem Pragfriedhof Hans Vollmöller, der bekannte Flieger und Flugzeugführer, im Familiengrab an der Seite seines im Jahre 1914 verstorbenen Vaters, des Kommerzienrats Robert Vollmöller, beigesetzt."*[79]

---

[78] Siehe Theodor HEUSS, Robert Bosch, 1946.
[79] Der Flugplatz Schneverdingen und seine Geschichte, S. 53.

"Er flog in das Reich der Schatten.

Mit Hans Vollmöller ist einer der ersten Flugmeister Deutsch-
lands verblichen, Trotz seiner Jugend gehörte er, der Achtund-
zwanzigjährige, zu den Pionieren [...] des deutschen Flug wesens
[...] In der Geschichte des Flugwesens wird sein Name für
alle Zeiten verzeichnet stehen. Die Auslaufstrecke war zu kurz,
viel zu kurz - Hans Vollmöller! Deine Freunde werden Dich, den
Kühnen, Lieben, Bescheidenen, Heiteren und immer Liebenswür-
digen nicht vergessen."

(Bernhard Kellermann: Der Flieger Hans Vollmöller gest. 10. März 1917,

in: Zeitschrift Flugsport, 9. Jahrgang 1917)

Quell- und Literaturverzeichnis

AVIATICA und AVIATICA II, in: Süddeutsche Monatshefte, München 1909.

C. BENTER, H. SCHRADER: Deutsche Automobil-Karosserien, Verlag Schrader & Partner, München 1976.

Historischer Verein Bottwartal e.V.: Umschau & Interna, Nr. 3/2011 (September).

DEUTSCHES MUSEUM, 740 Luftfahrt Inv. Nr. 75635, Vollmoeller-Eindecker, Zustandsbericht vom 08.04.1992.

Heiner DÖRNER: Julius Robert Mayer - Wilhelm Maybach - Alexander Baumann. Heilbronner Windenergie-Pioniere, 2000 Stadtarchiv Heilbronn.

C. David GIERKE: Langley's Steam-powered Flying Machines, in: Aviation History. 8, Nr. 6.

Hans GIGER: Kolben-Flugmotoren, Motorbuch Verlag Stuttgart 1986.

Johann von GUENTHER: Ein Leben im Ostwind, Biederstein-Verlag München, 1969.

Bettina GUNDLER: Flugwerft Schleißheim, Museum für Luft- und Raumfahrt. Ein Führer durch die Geschichte und die Sammlung der Flugwerft Schleißheim. München 1994.

Theodor HEUSS: Robert Bosch, R. Wunderlich Verlag Tübingen, 1946.

Hellmuth HIRTH: Meine Flugerlebnisse, Ferd. Dümmlers Verlagsbuchhandlung, Berlin1915.

August HOLDER: Kommerzienrat Robert Vollmoeller, Heilbronn a.N., Verlag von A. Scheurlen's Buchhandlung, 1921.

Dr. Eilhard JANTZEN: Die Gebrüder Vollmoeller und die frühe Luftfahrt, in: Blätter zur Geschichte der Deutschen Luft- und Raumfahrt XVI, Frühe Luftfahrtaktivitäten im Raum Stuttgart, Deutsche Gesellschaft für Luft- und Raumfahrt - Lilienthal-Oberth e.V. (DGLR) (Hg.), Bonn 2004.

Hans von LÜNEBERG: Geschichte der Luftfahrt, Band 1 Geschichte/Flugzeuge, Reinhard Welz (Hg.), Vermittlerverlag Mannheim 2003.

H. J. NOWARRA: Die Flugzeuge des Alexander Baumann, Podzun-Pallas-Verlag, Friedberg 1982.

Stephan POPPER: Das österreichische Flugmeeting 1912, in: Österreichische Flugzeitschrift 1912.

Peter SUPF: Das Buch der deutschen Fluggeschichte Band 1, 2. Auflage, Drei Brunnen Verlag Stuttgart 1956.

Gemeinde SCHNEVERDINGEN (Hg.): Der Flugplatz Schneverdingen und seine Geschichte 1909-1913. Ein Kapitel aus den Anfangsjahren des deutschen Flugwesens, von Richard BORSCHEL, Schneverdingen 1957, unveränderter Nachdruck 1976.

Stadtarchiv SCHNEVERDINGEN: Piloten und Flugmaschinen über Schneverdingen, Geschichte, Fotografien und Luftaufnahmen rund um Schneverdingens Flugplätze, 4 Seiten DIN A 4.

Schreiben von Frau Dr. Elisabeth Wittenstein-Vollmoeller an das Deutsche Museum München auf einem Briefbogen der Vereinigte Trikotfabriken R. VOLLMOELLER AG vom 16. Juni 1950.

Walther STEIN (Hg.): Deutschlands Eroberung der Luft. Die Entwicklung deutschen Flugwesens an Hand der 315 Wirklichkeitsaufnahmen dargestellt von Ingenieur Willi Hackenberger. Erster Band. Verlag Hermann Montanus Siegen, Leipzig, Berlin, 1915.

Karl Gustav VOLLMOELLER: Griechische Kammergräber mit Totenbetten, Inaugural-Dissertation zur Erlangung der Doktorwürde. Rheinische Friedrich-Wilhelms-Universität Bonn, 1901.

Karl VOLLMOELLER: Aviatica, 1909, in: Paul Nikolaus Cossmann, Süddeutsche Monatshefte, Sechster Jahrgang, Zweiter Band, München 1909.

Karl VOLLMOELLER: Autobiographie 1942.

Karl VOLLMOELLER Freundeskreis, Vilnius.

Vollmoeller-Eindecker in Deutschen Museum (Inv. Nr. 75 635), fil 7/vollm 24.2.92, Kopie.

Ansbert VORREITER (Hg.): Jahrbuch der Luftfahrt, II. Jahrgang 1912, J. F. Lehmanns Verlag München 1912.

2. Blatt der WÜRTTEMBERGER ZEITUNG. Mittwoch, 12. Oktober 1910.

Zeitschrift DER MOTORWAGEN, XIX/4, 1909.

Zeitschrift Flugsport, 1. Jahrgang, No. 23, Oktober 1909.

Zeitschrift Flugsport, 1. Jahrgang, No. 24, Oktober 1909.

Zeitschrift Flugsport, No. 8, April 1910.

Zeitschrift Flugsport, 1911.

Zeitschrift Flugsport, 9. Jahrgang, 1917.

Personenverzeichnis

Ahlborn, Prof. Friedrich (1858-1937), Zoologe und Physiker, seine Studien und Erkenntnisse über Flugsamen (Zanonia) nutzte der Flugzeugkonstrukteur Igo Etrich zum Bau seiner Etrich-Taube.

Anzani, Allessandro (1877-1956), Ingenieur und Rennfahrer, dessen Motoren in der frühen Luftfahrt eingesetzt wurden.

Baumann, Prof. Alexander (1875-1928), deutscher Flugzeugkonstrukteur.

Beese, Melli (1886-1925), deutsche Pilotin.

Chanute, Octave (1832-1910), Eisenbahningenieur und Luftfahrt-Pionier.

Etrich, Igo (1879-1967), österreichischer Pilot und Flugzeugkonstrukteur.

Ferber, Ferdinand (1862-1909), französischer Offizier und Flugpionier.

George, Stefan (1868-1933), deutscher Lyriker.

Gilli, Norina, auch Maria Carmi oder Prinzessin Norina Matchabelli (1880-1957), italienische Schauspielerin, Ehefrau des Lyrikers und Flugzeugkonstrukteurs Karl Vollmoeller.

Heinkel, Ernst (1888-1958), Ingenieur und Flugzeug-Konstrukteur.

Hirth, Hellmuth (1886-1938), Flugpionier, Flugzeug- und Flugmotoren-Konstrukteur.

Jeannin, Emile (1874-1957), Radrennfahrer und Flugpionier.

Klein, Gustav (1885-1917),

König, Benno († 1912), Chauffeuer.

Kuring, Carl (NN), 2. Flugzeugführer bei VGO.

Langley, Samuel Pierpont (1834-1906), US-amerikanischer Astrophysiker und Flugpionier.

Lilienthal, Otto (1848-1896), deutscher Luftfahrtpionier.

Niekreutz, Hermann (1858-1917), Bordmonteur bei VGO.

Reinhardt, Max (1873-1943), österreichischer Theater- und Filmregisseur.

Rumpler, Edmund (1872-1940), österreichischer Flugzeug- und Automobilkonstrukteur.

Vollmoeller, Dr. Elisabeth (1887-1957), Tochter von Robert Vollmoeller, verheiratet mit Dr. Oskar Wittenstein.

Vollmoeller, Emilie geb. Behr (1852-1894), Sozialreformerin, verheiratet mit Kommerzienrat und Trikotagenfabrikbesitzer Robert Vollmoeller.

Vollmoeller, Hans (1889-1917), Luftfahrtpionier.

Vollmoeller, Karl (1878-1948), deutscher Archäologe, Lyriker, Schriftsteller und Flugzeugkonstrukteur.

Vollmoeller, Mathilde (1876-1943), deutsche Malerin, verheiratet mit dem Maler Hans Purrmann.

Vollmoeller, Robert (1849-1911), Kommerzienrat, Ehrenbürger von Ilsfeld und Vaihingen, Fabrikbesitzer.

Wend, Arno (1896-1917), Bordmonteur bei VGO.

Wittenstein, Dr. Oskar (1880-1918), deutscher Unternehmer, Kunstsammler und Flugpionier, verheiratet mit Dr. Elisabeth Vollmoeller.

Wright, Wilbur (1867-1912), US-amerikanischer Flugzeugbauer.

Wright, Orville (1871-1948), US-amerikanischer Flugzeugbauer.

Abbildungsverzeichnis

Abbildung 1:

Robert Vollmoeller, Quelle: August HOLDER: Kommerzienrat Robert Vollmoeller, Heilbronn a.N., Verlag von A. Scheurlen's Buchhandlung, 1921.

Abbildung 2:

Vollmoellersches Anwesen, Hasenbergsteige, Stuttgart, Archiv Historisches Vaihingen a.d.F. e.V..

Abbildung 3:

Hans Vollmoeller, Archiv Historisches Vaihingen a.d.F. e.V..

Abbildung 4:

Karl Vollmoeller. Archiv unbekannt.

Abbildung 5:

Karosseriefabrik Christian Auer, Cannstatt, um 1905, Archiv Historisches Vaihingen a.d.F. e.V..

Abbildung 6:

Übersichtszeichnung Vollmoeller Flugapparat, Deutsches Museum München.

Abbildung 7:

"Nurflügel" Gleitflugzeug Etrich/Wels, Modell 1906, Otto-Lilienthal-Museum Anklam, Inventar Nr.: 9162.

Abbildung 8:

Aerodrome von S. P. Langley, 1903, Lambert & Butler, Tobacco card, 1932.

Abbildung 9a und 9b:

Flugzeug Nr. III von Karl Vollmoeller, Cannstatter Wasen, Herbst 1909, Archiv unbekannt.

Abbildung 10:

Grade "Libelle" 1909, Bundesarchiv, Bild 183-R36065.

Abbildung 11:

Eindecker Nr. XI von Blériot, 1909, Lambert & Butler, Tobacco card, 1932.

Abbildung 12:

Vollmoeller Eindecker, BN 43988, Luftfahrttarchiv Deutsches Museum, München.

Abbildung 13:

Eindecker von Karl Vollmoeller mit Hans Vollmoeller als Pilot, Zeitschrift Flugsport 1910 und Postkarte 1917.

Abbildung 14:

Vollmoeller Eindecker 1910, BN 25974 Deutsches Museum München, Quelle Flugsport, Nr. 8 vom 20. April 1910.

Abbildung 15:

Dr. Oskar Wittenstein, Archiv Historisches Vaihingen a.d.F. e.V..

Abbildung 16:

Rumpler-Taube, 1912, Stadtarchiv Schneverdingen.

Abbildung 17:

Schwäbischer Überlandflug, September 1911, mit König Wilhelm II. und Flieger Hans Vollmoeller, Archiv Historisches Vaihingen a.d.F. e.V..

Abbildung 18:

Eindecker V1(a), Versuchsflug durch Ernst Dax, Stadtarchiv Schneverdingen.

Abbildung 19:

Prinz Heinrich zu Besuch in Schneverdingen 1911 (mit Dipl.-Ing. Fritsch, Baron von Parish und Ing. Dax), Stadtarchiv Schneverdingen.

Abbildung 20:

Oertz Eindecker V3 , Wandsbeck, März 1912, Stadtarchiv Schneverdingen.

Abbildung 21:

Rumpler-Taube mit Gnome-Umlaufmotor, Hans Vollmoeller am Steuer (verm. 1912), Archiv Historisches Vaihingen a.d.F. e.V..

Abbildung 22:

Edmund Rumpler, Karl und Hans Vollmoeller vor einer Rumpler-Taube, Winter 1912/13.

Abbildung 23:

Eindecker von Albatros mit Hirth als Pilot, Konstrukteur Ernst Heinkel, Archiv unbekannt.

Abbildung 24:

Albatros-Sporteindecker, Juli 1913, Illustration eines Zeitungsartikels, Archiv unbekannt.

Abbildung 25:

VGO I mit 3 Maybach-Motoren je 240 PS, 1915 (Piloten: Hellmuth Hirth und Hans Vollmoeller), Archiv Deutsches Museum Flugwerft Schleißheim, Bild Nr. 29773.

Abbildung 26:

Eindecker-Fragment aus der Werkstatt der Gebrüder Vollmoeller, BN 40083, Deutsches Museum München.

Anhang

Abb. 26: Eindecker-Fragment aus der Werkstatt der Gebrüder Vollmoeller

Vollmoeller-Eindecker[80]

Baujahr 1910 (Inv.-Nr.: 75635)

Zustandsbericht vom 8.4.1992

Rumpf:

Holz-Gittergestell über volle Länge (884 cm), mit 14, auf der Spitze stehenden, Dreieckspanten in Form von Biegeholzrahmen.

Alle Felder zwischen den Spanten, seitlich und oben, sind mit Spanndrähten (und Spannschlössern) ausgekreuzt.

Spant Nr. 1 ist im oberen Bereich mit Holzstreben ausgekreuzt. Im unteren Bereich ist eine 2,5 mm starke Eisenplatte von hinten gegengeschraubt. An diese Eisenplatte ist eine 34 cm lange Holzröhre mit 30 cm Außendurchmesser geschraubt, die am vorderen Ende eine O-förmige 3 cm dicke Holzplatte als Motoraufhängung trägt.

An den vorn überstehenden Enden der drei Rumpflängsholme ist das bogenförmige hölzerne Fahrgestell angeschraubt.

Der Fahrwerkbogen hat zwei horizontale Querstreben, zwischen denen mittig zwei vertikale Streben sitzen. Zwei Druckstreben, die von den unteren Enden des Fahrwerkbogens zum unteren Rumpflängsholm an Position Spant 2 liefen, fehlen.

Zudem war die Fahrwerksgeometrie in sich und zum Rumpf hin drahtverspannt. Die Laufräder waren in je eine gummistranggefederte Parallelogrammschwinge montiert. Die Parallelogrammschwingen waren um die Hochachse drehbar und untereinander gefedert kreuzverspannt. Dadurch wurde das Fahrwerk bei Schiebelandungen entlastet. Laufräder und Fahrwerkachse fehlen.

---

[80] Deutsches Museum, 740 Luftfahrt Inv. Nr. 75635, Vollmoeller-Eindecker, Zustandsbericht vom 08.04.1992.

Auf den Spanten 2 u. 3 sind zwei zylindrische 24 l Messingtanks mit Kegelenden mittels hölzernen Halbschalen und Spannband befestigt.

Auf den Spanten 2 und 4 steht je ein 80 cm hoher v-förmiger Spannturm für die Tragflächenverspannung.

Das rechte Feld zwischen Spannt 1 u. 2 ist mit 0,6 mm starkem Aluminiumblech beplankt. In der Beplankung ist eine 30 x 25 cm große Öffnung für eine Wartungsklappe die allerdings fehlt.

Zwischen Spant 2 u. 3 sind von den oberen Längsholmen, hinten, zum unteren Längsholm vorn, zwei hölzerne Diagonalstreben eingesetzt. Zwischen Spant 4 u. 5 ist eine 10 cm hohe Aluminium-Sitzschale an Drähten aufgehängt. Zu beiden Seiten der Sitzwanne befindet sich je ein hölzerner Längsträger zwischen den Spanten 3 u. 4.

Von diesen Längsträgern führt ein Gabelförmiger Ausleger über den unteren Rumpflängsholm und endet 43 cm unter dem Rumpf als Lagerblock für den Flügelverwindungshebel.

7 cm vor der Sitzwanne befindet sich die Steuersäule. Die Höhensteuerbewegung wird durch eine 15 mm Vollachse auf die links und rechts außerhalb des Rumpfes liegenden Ruderhebel übertragen. Die Vollachse ist in Augbolzen gelagert, die wiederum auf etwa halber Rumpfhöhe durch den gabelförmigen Ausleger geschraubt sind.

Das Steuerrad fehlt.

Der Seitensteuerfußhebel sitzt an einer senkrechten Achse, die oben in Spannt 3 und unten auf einer kleinen Fußbank gelagert ist.

Die Tragflügelaufhängung am Rumpf sind je zwei Stahlpassbolzen zu beiden Seiten ar den oberen Rumpflängsholmen.

Die vorderen Bolzen sitzen an einem Beschlag an Spant 2.

Die hinteren Bolzen sind in einem 3,2 mm starken Blechbügel, in einem Langloch höhenverstellbar, verschraubt.

Diese Blechbügel verbinden die oberen Rumpflängsholme mit o.g. hölzernen Längsträgern auf Höhe der Piloten-Sitzwanne.

Unter Spant 13 hängt ein 30 cm langer abgebrochener Spannturm, der die Spanndrähte vom unteren Rumpflängsholm und vom Höhenleitwerk aufnimmt.

Den hinteren Rumpfabschluß bildet eine 143 cm lange senkrechte Holzstütze, welche nach unten 60 cm und nach oben 43 cm über Rumpfhöhe steht. Am unteren Ende ist der ehemals gummigefederte Schleifsporn dreh- und schwenkbar aufgehängt.

Am oberen überstehenden Ende der Holzstütze waren Spanndrähte zu Höhenleitwerk und Rumpf befestigt. Außerdem war das, jetzt fehlende, Seitenruder an dieser senkrechten Holzstütze angeschlagen.

Tragflügel:

Am vorliegenden Flugzeug sind vom linken Flügel nur die Bambusholme und die Struktur im Randbogenbereich erhalten. Der rechte Flügel ist besser erhalten. Hier ist der Aufbau noch mit allen Rippen und Holmen zu erkennen, wenn auch Hilfsholme und Rippen zahlreiche Brüche aufweisen.

Der Tragflügel ist zweiholmig mit Rippen in Leistenbauweise.

Der vordere Holm aus Bambus (Durchmesser 45 mm) bildet zugleich die Profilnase. Der hintere Holm liegt 145 cm hinter dem Vorderholm und hat die gleichen Maße wie dieser. Beide Holme sind außen durch den halbkreisförmigen, aus 33 mm dicken Bambusrohr bestehenden, Randbogen verbunden.

In 120 cm, 230 cm und 330 cm Abstand von der Flügelwurzel befinden sich Blechmanschetten an beiden Holmen mit Ringösen für die Tragflügelverspannung (bzw. Verwindung).

Zwischen beiden Bambusholmen sind drei Hilfholme montiert. Die Hilfsholme bestehen aus 40 x 5 mm Holzleisten, die jeweils an die Rippen Ober- bzw. Untergurte genagelt sind.

55 cm vor der Flügehinterkante liegt eine Hilfsholmleiste mit 18 x 18 mm Querschnitt (gerundete Kanten) zwischen den Rippengurten.

Die genauen Abmessungen der Hinterkante sind bisher unbekannt, da ein Großteil der Rippenenden abgebrochen sind und die Hinterkante fehlt.

Die Länge einer Tragfläche ist 419 cm. So ergibt sich mit Rumpfbreite eine Spannweite von 913 cm.

Der Flügel weist 13 Rippen auf. Die Wurzelrippe ist in Leisten-Stegbauweise ausgeführt. Rippe 12 besteht aus einem Brett (10 mm dick) mit aufgenagelten Gurtleisten (14 x 8 mm). Rippe 13 im Randbogenbereich besteht aus, unter den Hilfsgurten liegenden Leisten 40 x 5 mm.

Der Flügelgrundriß könnte bis Rippe 11 rechteckig gewesen sein.

Die Flügelnase läuft bis Rippe 12 gerade. Von da aus läuft der gerundete Randbogen über die äußeren 77 cm Spannweite zum Ende der Rippe 11.

Christian Piepenburg

Vollmoeller-Eindecker

im Deutschen Museum (Inv. Nr. 75 635)[81]

Flugzeug Nr. IV (4) (12)

Baujahr: 1910

Konstruktion: Dr. Karl Vollmoeller unter Mitwirkung von Hans V. (8)

Herstellung: Karosseriefabrik Christian Auer, Cannstatt (8)

Motor: Gnome-Rotationsmotor (1)

             Anzani-Motor (10)

             3-Zylinder Motor mit 25-30 PS (6)

Erstflug: April 1910, 300 m Flugstrecke in 6 m Höhe durch Hans V. (9) (5)

14. August 1910 Überlandflug, Flugdauer 8 Minuten in 50-200 m Höhe

Landeunfall nach Motorausfall (9) (11)

nach 1918

im Luftfahrt-Museum Böblingen

ohne Originalmotor, Flügelbespannung in schlechtem Zustand

angeblich Probeflüge mit Tauschmotor (1)

nach 1935 (Auflösung des Luftfahrt-Museums)

auf Firmengelände untergestellt (Vereinigte Trikotfabriken R. Vollmoeller, Stuttgart-Vaihingen) (1)

---

[81]   Vollmoeller-Eindecker in Deutschen Museum (Inv. Nr. 75 635), fil 7/vollm 24.2.92, Kopie.

30.7.1950 Zugang DM

Befund: nicht ausstellungsfähig, da Holzteile und Bespannung morsch,
Gerippe beim Transport größtenteils zerbrochen (2)

Flugzeuge von Dr. Karl Vollmoeller

Nach Braunbeck's Sportlexikon 1910 hat Karl Vollmoeller mehrere Apparate gebaut:

Nr. 1: Gleitflieger in Zanoniaform (1907)

Nr. 2: Gleitflieger Typ Langley (1908)

(beide wurden in Italien fertiggestellt)

Nr. 3: Eindecker mit 12 Quadratmetern Tragfläche und 12/14-PS Anzani Zweizylinder-Motor (kürzere "Flüge" Okt./Nov. 1909)

Nr. 4: Eindecker mit 20 Quadratmetern Tragfläche und 20/25-PS Anzani Dreizylinder-Motor (1910 fertiggestellt)

Nach dem Landeunfall am 14.8.1910 mit Todesfall Abbruch der flugtechnischen Arbeiten.

Bei den Berichten über die Flugversuche 1909 und 1910 wird kein Unterschied zwischen verschiedenen Flugzeugtypen gemacht. Die Apparate Nr. 3 und 4 müssen sehr ähnlich gewesen sein, vermutlich ist Nr. 4 aus Nr. 3 entstanden.

Danksagung

Mein besonderer Dank gilt Herrn Dr. Eilhard Jantzen für seine grundlegende Arbeit im Zusammenhang mit der frühen Luftfahrt der Gebrüder Vollmoeller.

Ein herzlichen Dank gilt Frau Imke Hübers-Böhling vom Stadtarchiv Schneverdingen für die Zurverfügungstellung von Bildmaterial.

Ein ebenso herzlicher Dank gilt Herrn Dipl.-Ing. Gerhard Filchner, Leiter der Flugwerft Schleißheim (Deutsches Museum München), für seine immer freundliche Auskunft und die Bereitstellung von Text- und Bildmaterial.

Vaihingen a.d.F.
Ortshistorischer Verein

Historisches Vaihingen a.d.F. e.V.

Schießmauerstraße 8

70563 Stuttgart

Telefon 0711 / 78 28 56 60

Telefax 0711 / 78 28 56 59

www.historisches-vaihingen.de

post@historisches-vaihingen.de

Der Vorstand

v.l.: Folkmar Schiek,
Angelika Kiefer,
Mathias Kiefer,
Peter Grunikiewicz

Zeitfracht Medien GmbH
Ferdinand-Jühlke-Straße 7
99095 Erfurt, Deutschland
produktsicherheit@kolibri360.de